민족사
사경 시리즈 ④

사경 한글 독송 한문

관세음보살보문품
(관음경)

고난 소멸 기도 공덕

민족사

사경 공덕과 의미에 대하여

사경의 목적

사경(寫經)이란 경전을 직접 베껴 쓰는 것, 즉 필사(筆寫)하는 것을 말합니다. 사경의 유래는 부처님 말씀을 전하기 위하여 시작되었습니다. 과거 인쇄술이 없던 시대는 직접 사람이 베껴서 전하거나 읽는(독송) 방법밖에 없었습니다. 그 후 경전은 목판에 판각(板刻)하여 간행하게 되었으나, 여전히 공덕·복덕 개념에 힘입어 많은 사경이 이루어졌습니다.

사경의 첫 번째 목적은 부처님 말씀을 널리 유포하고자 하는 것이고, 두 번째 목적은 경전을 사경함으로써 얻게 되는 공덕·복덕·기원입니다. 세 번째는 사경을 하고 나면 기쁜 성취감과 행복감을 갖게 됩니다.

가족이 액난 없이 행복해지기를 바라는 마음에서 사경을 하기도 하고, 돌아가신 부모나 조상의 천도를 위해 사경을 하기도 합니다. 정성을 다해 경전을 사경하는 것은 선업(善業)을 쌓는 최상의 길이라고 할 수 있습니다.

사경의 공덕

사경 공덕에 대하여 《대방광불화엄경(大方廣佛華嚴經)》〈금강

3

당보살품〉에서는 "만일 어떤 사람이 경전을 베껴 쓴다면(寫經), 이것은 곧 부처님 법을 지키기 위한 것이기 때문에, 헤아릴 수 없는 공덕을 받는다."라고 하였습니다.

또 《묘법연화경(법화경)》〈법사공덕품〉에서는 "만약 어떤 사람이 이 법화경을 수지(受持)·독송하고, 설하거나 사경(寫經)하면 이 사람은 마땅히 안(眼)·이(耳)·비(鼻)·설(舌)·신(身)·의(意) 육근이 모두 다 청정하고 건강해질 것이다."라고 하였습니다. 그 밖에도 《증일아함경》 1권 〈서품(序品)〉에서는 "만약 어떤 사람이 경전을 사경한다면, 그는 헤아릴 수 없는 무량한 공덕과 복을 받는다."고 하였습니다.

이상과 같이 여러 경전을 보면, 경전을 사경하는 공덕과 복덕이 헤아릴 수 없으며, 항상 부처님께서 보호해 주고, 모든 액난과 어려움을 면하게 해 준다고 설하고 있습니다.

사경은 마음을 정화하는 으뜸 방법

사경은 경전의 내용을 한 글자 한 글자 베껴 쓰는 것인데, 이것은 경전을 독송하는 공덕이 되고, 동시에 경전의 내용을 알게 되는 것이기도 합니다. 또한 사경 삼매(집중)를 통해 마음이 정화되며, 사경한 경전을 다른 사람에게 보시하면 그것은 곧 법보시를 하는 것이 되므로 더욱 공덕이 크다고 할 수 있습니다.

무착보살은 사경을 하면 다섯 가지 공덕이 있다고 말씀하였습니다. 첫 번째는 여래, 부처님을 친견할 수 있고, 두 번째는 복덕을 얻을 수 있고, 세 번째는 경전을 사경·찬탄하는 것 역시 수행이며, 네 번째는 많은 천인(天人)들로부터 공양을 받게 되며, 다섯 번째는 모든 죄가 소멸된다고 하였습니다.

그 밖에도 사경을 하면 몸과 마음, 정신이 맑아지고, 생각하는 것, 판단력도 정확해집니다. 특히 어려움이 닥치면 대부분 정신이 혼미하여 판단력을 상실하게 되는 경우가 많은데, 이때 사경을 하면 마음이 안정되고, 상황판단을 제대로 함으로써 어려움을 극복하게 됩니다.

특히 사업에 실패하신 분들은 반드시 사경을 하십시오. 그러면 새롭게 일어나 성공할 수 있습니다. 승진을 원하는 분도 마찬가지입니다. 살다 보면 그 누구든 어려움이 있기 마련입니다. 이때 사경을 하면 부처님의 가피로 마음이 안정되고, 명석한 판단력을 갖추게 되어 어려움을 극복하고 성공으로 나아갈 수 있습니다.

위와 같이 경전을 베껴 쓰는 사경은 많은 공덕·복덕이 있습니다. 이 좋은 사경 인연을 소중히 여기고 경건하고 공손한 태도로 환희심·감사심·자비심으로 사경을 하면 참으로 행복한 삶이 열릴 것입니다.

사경 자세와 마음가짐

　1. 먼저 손을 깨끗이 씻고 단정히 앉아서 향을 피우고, 약 1~2분 동안 명상, 즉 마음을 가다듬은 다음 사경을 해야 합니다. 마음에 잡념이 있는 상태에서 사경을 하면 삐뚤삐뚤 글씨가 흐트러지게 됩니다.

　2. 책상에서 바른 자세로 사경하는 것이 좋습니다. 바닥에 엎드려서 하면 쓰기는 편리한데 디스크, 고관절 등 허리병을 유발할 수 있습니다. 허리에 무리가 가지 않도록 사경해야 합니다.

　3. 책상 위를 깨끗하게 정리 정돈한 다음 사경을 해야 합니다. 주변이 어지러우면 마음도 차분히 가라앉지 않게 되고 너저분한 환경에서는 사경이 잘 안 됩니다.

　4. 가능한 한 붓이나 붓펜으로 사경을 하는 게 좋습니다. 대체로 붓이나 붓펜이 사경의 서체와 맞고, 일반 펜보다 더욱 정성을 기울여서 해야 하기 때문입니다·정서(正書, 바르게), 정서(淨書, 깨끗하게)로 사경을 마치고 나면 더욱 기쁨을 느끼게 되고, 사경한 경을 보관하고 싶은 마음도 들고, 보시하기도 좋습니다.

5. 사경 전 명상을 할 때는 마음속으로 "나무 석가모니불", "나무 아미타불", "나무 관세음보살" 등을 열 번 외우십시오.

6. 독송하면서 사경을 하면 독송 공덕과 사경 공덕을 함께 받게 됩니다. 또한 부처님 말씀의 참뜻을 되새기면서 알아차릴 수 있어서 더욱 좋은 방법입니다. 즉 사경이 경전을 공부하는 방법이 되기도 합니다.

7. 어느 경전이든 한 번에 사경을 완료할 수는 없습니다. 여러 번 해야 완성하게 되는데, 그럴 때는 사경하고 있는 경전을 깨끗한 곳, 높은 곳에 보관해 두어야 합니다. 완성한 뒤에도 부처님 말씀이 담겨 있으므로 마찬가지입니다. 낮은 곳에 두면 오염되기 쉽기 때문입니다.

8. 사경을 시작할 때, 그리고 사경을 한 다음에 합장하고 이 사경집의 끝에 있는 발원문을 쓰고 외우시면 좋습니다.

개경게 開經偈

무상심심미묘법　　無上甚深微妙法
백천만겁난조우　　百千萬劫難遭遇
아금문견득수지　　我今聞見得受持
원해여래진실의　　願解如來眞實義

최고로 깊고 미묘한 법(진리)을
백천만겁 지난들 어찌 만날 수 있으리.
제가 이제 듣고 보고 받아 지니니
부처님의 진실한 뜻 알아지이다.

개법장진언 開法藏眞言

옴 아라남 아라다
옴 아라남 아라다
옴 아라남 아라다

9

한글
사경

관세음보살보문품

고난 소멸 기도 공덕

(관음경)

관세음보살보문품
-관음경-

그때 무진의(無盡意)보살이 자리에서 일어나서 오른쪽 어깨를 드러내고서 합장하면서 다음과 같이 부처님께 여쭈었다.

"세존이시여, 관세음보살은 어떠한 인연으로 관세음(觀世音)이라고 이름합니까?"

부처님께서 무진의보살에게 말씀

하셨다.

"선남자여, 헤아릴 수 없는 백천만억의 중생들이 갖가지로 고통받고 있을 때, 지극정성으로 관세음보살의 명호를 듣거나 부른다면 관세음보살은 즉시 그 음성을 듣고, 그들이 원하는 것, 바라는 것을 관찰하고, 모두 이루어지게 하며, 고통에서 벗어나게 할 것이니라.

가령 큰불에 휩싸이게 되더라도 관세음보살의 이름을 부르면 큰불이 그대를 태울 수 없을 것이니라.

또 가령 홍수에 떠내려가더라도

관세음보살의 이름을 부르면 곧 수심(水深)이 낮은 곳에 이르게 되리니, 그것은 모두 관세음보살의 위신력 덕분이니라.

또 중생들이 금·은·유리·자거· 마노·산호·호박·진주 등 보배를 구하기 위하여 큰 바다를 항해하다가 폭풍이 불어서 나찰 등 귀신들이 사는 곳에 표류하게 되더라도 그 가운데 한 사람만이라도 일심으로 관세음보살의 이름을 부른다면 이 사람들은 모두 나찰 귀신의 위협에서 벗어나게 될 것이니라.

또 어떤 사람이 갑자기 해를 입게
되었을 때도 관세음보살의 이름을
부른다면 칼과 몽둥이가 모두 산
산조각 부서져서 마침내 위험에서
벗어나게 될 것이니라.
이와 같이 관세음보살은 이 사바
세계의 모든 중생들의 목소리, 즉
고통과 소원과 바라는 소리를 모
두 듣고 관찰하는 까닭에 관세음
보살이라고 이름하는 것이니라.
삼천대천 국토(우주)에 가득 찬 야
차와 나찰이 와서 괴롭히고자 하
더라도 관세음보살의 이름을 부르

면, 모든 악귀들은 눈으로 그를 쳐다볼 수가 없을 것이니라. 그런데 하물며 해칠 수가 있겠는가.

가령 어떤 사람이 감옥에 갇혔다거나 쇠고랑이나 나무 칼(枷), 쇠사슬(수갑 등) 등으로 꽁꽁 묶였다 하더라도 관세음보살의 이름을 부른다면 모든 것이 다 부서져서 곧 자유의 몸이 될 것이니라.

또 어떤 거상(巨商)이 여러 명의 상인들과 함께 귀중한 보물을 갖고서 험한 길을 가다가 도적떼를 만났다고 하자. 그럴 때 그 가운데

한 사람만이라도 '여러분, 두려워
하지 마십시오. 여러분들이 일심
으로 관세음보살님의 이름을 부른
다면 반드시 구제될 것입니다. 관
세음보살님은 능히 중생들의 두려
움을 제거해 주시는 분이십니다'라
는 말을 듣고 모두 다 함께 소리
내어 '나무 관세음보살', '나무 관
세음보살'이라고 부른다면 그 이름
을 부른 까닭에 곧 모든 공포에서
벗어나게 될 것이니라.
관세음보살은 이런 힘을 갖고 있나
니, 고난을 만났을 때도 관세음보

살의 이름을 부른다면 고난으로부터 완전히 벗어나게 될 것이니라.

무진의보살이여, 관세음보살 마하살의 위신력은 이와 같이 높고도 높으니라.

또 만약 어떤 중생이 욕망이 많아서 괴로움을 받는다고 하더라도 항상 관세음보살의 명호를 외우고 관세음보살을 공경하면 곧바로 욕망에서 벗어나게 될 것이니라.

만약 어떤 중생이 분노나 화를 참지 못한다고 하더라도 항상 관세음보살의 명호를 외우고 관세음보살을 공경하면 곧바로 분노에서 벗어나게 될 것이니라.

만약 어떤 중생이 아주 바보같이 어리석다 하더라도 항상 관세음보살의 명호를 외우고 관세음보살을 공경하면 곧바로 어리석음에서 벗어나 지혜로운 사람이 될 것이니라.

무진의보살이여, 관세음보살은 이렇게 큰 위신력이 있어서 많은 중생들을 도와주는 분이니라. 그러므로 중생들은 언제나 마음으로 관세음보살을 염원해야 하느니라.

만약 어떤 여인이 아들을 낳고자
하여 관세음보살께 예배하고 공양
한다면 곧 복이 있고 지혜로운 아
들을 낳게 될 것이며, 딸을 낳고자
관세음보살께 예배·공양한다면
곧 단정하고 예쁜 딸을 낳게 되리
라. 그리고 그 아들, 딸들은 일찍부
터 선근(善根)을 심었기 때문에, 많
은 이들이 사랑하고 존경하게 될
것이니라.
무진의보살이여, 관세음보살에게
는 이러한 힘이 있느니라.
만약 어떤 중생이 관세음보살을

공경·공양하고 예배한다면 틀림없이 많은 복덕이 생길 것이니라. 그러므로 모든 중생들은 마땅히 관세음보살의 이름을 받아 지녀야 하느니라.

무진의보살이여, 어떤 선남자 선여인이 62억 항하사(갠지스강의 모래알)만큼이나 관세음보살의 명호를 받들어서 목숨이 다하도록 음식과 의복·침구·의약 등을 공양한다면 그대는 어떻게 생각하느냐? 이렇게 한다면 그 선남자, 선여인은 많은 공덕을 쌓게 되겠느냐?"

무진의보살이 대답하였다.

"매우 많은 공덕을 쌓게 될 것입니다. 세존이시여."

부처님께서 말씀하셨다.

"또 어떤 선남자, 선여인이 관세음보살의 이름을 받아 지녀서 한 번이라도 예배하고 공양한다면 그 사람들의 복덕은 같아서 조금도 차이가 없고, 이렇게 쌓아 올린 복덕은 백천만 억년이 지나더라도 사라지지 않을 것이니라.

무진의보살이여, 관세음보살의 이름을 받아 지니면 이와 같은 한량없는 공덕이 있으며 무량한 복덕이 있느니라."

무진의보살이 부처님께 사뢰었다.

"세존이시여, 관세음보살은 이 사바세계에서 중생들을 교화·제도하기 위하여 어떻게 활약하고, 어떻게 가르침을 설하고, 어떤 방편으로 교화하십니까?"

부처님께서 무진의보살에게 말씀하셨다.

"선남자여, 관세음보살은 갖가지 모습으로 나타나서 중생을 교화하느니라. 만약 부처님의 모습으로 나타나서 제도해야 할 중생에게는 곧 부처님의 모습으로 나타나서 법을 설하고, 벽지불(연각, 독각)의 모습으로 나타나서 제도해야 할 중생에게는 곧 벽지불의 모습으로 나타나 법을 설하느니라.

또 성문(聲聞)의 모습으로 나타나서 제도해야 할 중생에게는 곧 성문의 모습으로 변신하여 법을 설하고, 범천왕으로 나타나 제도해야 할 중생에게는 곧 범천왕의 모습으로 변신하여 법을 설하느니라.

또 제석천의 모습으로 변신하여 제

도할 중생이 있다면 곧 제석천의
모습으로 변신하여 법을 설하고,
자재천(自在天)의 모습, 대자재천의
모습으로 변신하여 제도할 중생이
있다면 곧 자재천·대자재천의 모
습으로 변신하여 법을 설하느니라.
또 천대장군(天大將軍)의 모습, 비
사문천(毘沙門天)의 모습, 소왕(小
王)의 모습, 장자(長者)의 모습, 거
사(居士)의 모습, 재관(宰官, 관료)의
모습, 바라문(婆羅門)의 모습으로
나타나 제도할 중생이 있다면 곧
각각의 모습으로 나타나서 법을

설하느니라.

또 비구(比丘)나 비구니·우바새(남성 신도)·우바이(여성 신도)의 모습으로 나타나야 제도할 수 있다면 곧 비구·비구니·우바새·우바이의 모습으로 나타나 법을 설하느니라.

또 마땅히 소년 소녀의 모습으로 나타나야 제도할 수 있다면 곧 소년 소녀의 모습으로 변신하여 법(가르침)을 설하고, 천(天)·용(龍)·야차·건달바·아수라·가루라·긴나라·마후라가·인비인(人非人: 사람과 비슷한 존재)·집금강신(執金剛神)의 모습으로 나타나야 제도할 수 있다면 곧 모두 각각 그렇게 나타나서 법을 설하느니라.

무진의보살이여,

관세음보살은 이러한 공덕을 성취하였기 때문에 이 사바세계에서 갖가지 모습으로 나타나 활동하면서 모든 중생들을 고난과 고통, 어려움에서 벗어나게 하느니라.

그러므로 그대들은 마땅히 일심으로 관세음보살을 공경·공양해야 하느니라. 이 관세음보살 마하살은

두려움과 공포, 고통과 고난, 어려
움에 처한 중생에게 능히 그 고난
과 고통, 어려움을 제거해 주는 분
이니라.
그런 까닭에 관세음보살을 일컬어
'시무외자(施無畏者)'라고 하느니라.
즉 '모든 고통과 고난, 두려움 없음
을 베푸시는 분'이라고 부르는 것
이니라."
무진의보살이 부처님께 사뢰었다.
"세존이시여, 제가 이제 마땅히 관
세음보살님께 공양을 올리겠습니
다."

그러고 나서 무진의보살은 곧 목에서 백천 냥이나 되는 금만큼의 값어치가 있는 여러 가지 보배 구슬과 영락(瓔珞, 목걸이)을 풀어서 관세음보살님께 드리고서는 다음과 같이 말하였다.

"성자시여, 이 법시(法施)의 진귀한 보배 영락(목걸이)을 받으소서."

그때 관세음보살은 그것을 받으려 하지 않았다. 그러자 무진의보살이 다시 관세음보살께 사뢰었다.

"성자시여, 저를 불쌍히 여기시고 이 목걸이를 받아주소서."

그때 부처님께서 관세음보살에게 말씀하셨다.

"관세음보살이여, 마땅히 이 무진의보살과 사부대중·천·용·야차·건달바·아수라·가루라·긴나라·마후라가·인비인(人非人: 사람 비슷한 존재)의 존재들을 불쌍히 여기고 이 목걸이를 받아주시오."

그러자 관세음보살은 사부대중과 천·용·야차·건달바·아수라·가루라·긴나라·마후라가·인비인(人非人: 사람 비슷한 존재)의 존재들을 불쌍히 여기시어 그 영락을 받았

다. 이어 관세음보살은 그 영락을
둘로 나누어 반은 석가모니부처님
께 올리고, 반은 다보불(多寶佛)을
모신 다보탑에 올리었다.
부처님께서 말씀하셨다.
"무진의보살이여, 관세음보살은 이
와 같은 무량한 신통력을 갖고 있
기 때문에 사바세계에서 자유자
재롭게 중생을 교화·제도하고, 어
려움에 처한 사람들을 구제하느니
라."
그때 무진의보살이 게송(偈頌: 싯
구)으로 부처님께 여쭈었다.

"훌륭한 모습을 갖춘 세존이시여,
제가 이제 거듭 그에 대하여
여쭈고자 하나이다.
저 보살은 무슨 인연으로
관세음이라 이름하나이까?"

세존께서는 게송으로써 무진의보
살에게 대답하셨다.

"그대들은
관세음보살의 자비에 대하여
잘 들어라.
관세음보살의 자비는

모든 중생들의 어려움을
잘 구제해 주느니라.

관세음보살의 큰 서원은
바다와 같나니
한량없는 세월이 흘러도
다 헤아릴 수 없느니라.

수천만 억의 부처님을
다 모시고서
크고 청정한 서원을
발하였느니라.

내 이제 그대들을 위하여
간략히 말하노니
관세음보살의 이름을 듣고
관세음보살의 모습을 보고서
마음으로 끊임없이 염원한다면
능히 모든 고난과
어려움을 소멸할 수 있으리라.

가령 누군가가 그대를 해치고자
큰 불구덩이에 밀어 떨어뜨렸다
하더라도 저 관세음보살의
명호를 염원한다면
불구덩이가 변하여 연못이 되리라.

불교전문 출판사 민족사 사경 시리즈 특징
(민족사 02-732-2403~4)

"이 경전(금강경)을 베껴 쓰고(書寫), 받아 지니고(受持), 읽고 외우고(讀誦),
나아가 다른 이들에게 설명해 준다면 그 공덕은 이루 말할 수가 없느니라."(금강경)

첫 번째, 가장 큰 특징은 글씨가 크고, 한 권 속에 번역(한글)과 원문(한문), 그리고 한자 독음(讀音)까지 달려 있다는 것입니다. 글씨도 붓글씨 서체인 궁서체로 편집되어 있어서 사경을 하기가 매우 좋고, 인쇄 농도 조절을 잘 맞추어서 사경은 물론 독송도 충분히 가능하다는 것입니다.

두 번째, 앞부분에 '사경 공덕과 의미에 대하여', '사경 자세와 마음가짐', 사경 방법, 사경 시 주의 사항, 그리고 사경을 마친 뒤에 하는 '사경 공덕 발원문'이 끝에 첨부되어 있습니다. 그래서 혼자서도 누구나 사경을 할 수 있도록 이끌어 주고 있습니다. 특히 '사경의 목적'과 '사경의 공덕' 등 자세한 안내는 처음 혼자 사경을 하는 불자들에게 확실한 길잡이가 되고 있습니다.

세 번째, 책장이 잘 넘어갈 수 있도록 제본(실 제책)되어 있습니다. 책장이 잘 넘어가지 않으면 사경을 하는 데 매우 불편합니다. 이것이 민족사 사경용 경전의 장점입니다.

네 번째, 표지 디자인이 매우 좋습니다. 표지에는 불교의 이미지를 담고 있고 색상도 밝고 산뜻해서 선물용으로도 손색이 없습니다.

누구나 사경 방법과 의미, 주의 사항 등을 숙지한 다음 정성을 다해 한 자 한 자 쓰고 읽으면 근심, 걱정 등 번뇌가 사라지고 마음의 평안을 얻게 됩니다. 동시에 부처님께서 말씀하신 경전을 사경(寫經), 독송하면 그 공덕으로 인하여 모든 액난을 물리칠 수 있고 어려움을 극복하게 됩니다. 이것이 사경의 가장 큰 공덕입니다.

	민족사 사경 시리즈	주 제	가 격
❶	금강반야바라밀경(한글)	지혜 성취 기도 공덕	8,500원
❷	금강반야바라밀경(한문)		8,000원
❸	아미타경(한글·한문)	극락왕생 기도 공덕	7,500원
❹	관세음보살보문품(한글·한문)	고난 소멸 기도 공덕	7,500원
❺	부모은중경(한글·한문)	효행 기도 공덕	8,500원

*기타 경전도 계속 간행 예정입니다.

혹은 용이나 귀신들이 사는
큰 바다에서 풍랑을 만나
표류하는 어려움에 처하더라도
저 관세음보살의 명호를 부른다면
바다에 빠져 익사하는 일이
없으리라.

혹은 수미산처럼 높은 곳에 있을 때
다른 사람이 밀어서
떨어지게 되더라도
저 관세음보살의 명호를 부른다면
마치 태양이 허공에 머물고 있는
것처럼 되리라.

혹은 악인이 밀어서
금강산에 떨어진다고 하더라도
저 관세음보살의 힘을 염한다면
터럭 한 올도 해치지 못하리라.

혹은 도둑들이 포위하고서
각기 칼을 들고 해치려고 하더라도
저 관세음보살의 힘을 염원한다면
도둑들은 곧바로
자비심을 일으키리라.

혹은 왕난(王難)을 당하여
큰 형벌을 받아서

목숨이 끊어지려 하더라도
저 관세음보살의 힘을 염원한다면
칼은 산산조각이 되고 말리라.

혹은 감옥에 갇히거나
칼[枷]이나 족쇄를 차고 있고
손과 발이 묶여 있다 하더라도
저 관세음보살의 힘을 염원한다면
곧바로 포박에서 벗어나게 되리라.

주술과 주문, 그리고
여러 가지 독약으로
그대의 몸을 해치려는 자가

있더라도
저 관세음보살의 명호를 부른다면
난관에서 벗어나게 되리라.

혹은 악한 나찰과 독룡,
여러 귀신들을 만났다 하더라도
저 관세음보살의 힘을 염한다면
그때 조금도 감히
해칠 수 없으리라.

예리한 어금니와 발톱을 가진
맹수에 포위되었다 하더라도
저 관세음보살의 힘을 염한다면

곧바로 사방팔방으로 도망가리라.

독의 기운이 맹렬한
독사들에게 포위되었다 하더라도
저 관세음보살의 힘을 염한다면
독사들은 스스로 물러가리라.

검은 구름이 일고 번개가 번쩍이고
벼락이 치고, 폭우가 내리더라도
저 관세음보살의 힘을 염한다면
곧바로 그것들은 다 소멸되리라.

관세음보살께서는

뛰어난 지혜의 힘으로
한량없는 고통을 당하고 있는
중생들
한량없는 고뇌에 싸여 있는
중생들을 구해주시네.

신통력을 갖추시고
널리 지혜와 방편을 닦으시고서
시방세계의 모든 국토에
몸을 나타내지 않는 곳 없으시네.

온갖 악도의 세계
지옥, 아귀, 그리고 축생들의

나고 늙고 병들고 죽는 고통들은
점차로 모두 소멸해 가리라.”

그때 실로 무진의보살은 기쁨으로
가득 찬 마음으로 이러한 게송을
읊었다.

“관세음보살님은
진실한 눈, 청정한 눈,
광대한 지혜의 눈, 연민의 눈,
사랑의 눈을 가지신 분이시니
항상 원하며 우러러보아야 하리라.

항상 청정한 빛, 지혜의 햇빛이
모든 어둠을 깨뜨리고
능히 재앙을 초래하는
바람과 불을 굴복시키는 것처럼
관세음보살은
세간을 두루 밝게 하시네.

계율은 벼락과 같이 청정하고
자비의 마음은 큰 구름과 같아서
감로의 법우(法雨)를 내려서
번뇌의 불꽃을 소멸하시네.

싸움하고 소송하는 곳이나

전쟁터에 있어서 두려울 때
저 관세음보살의 힘을 염원한다면
모든 해로움이 다 물러나리라.

묘음(妙音)과 관세음(觀世音)
범음(梵音)과 해조음(海潮音)은
저 세간의 소리보다 훌륭하노니
모름지기 언제나
관세음보살을 염원할지어다.

한 생각도 의심을 내지 말라.
관세음보살은 청정한 분이시니
괴로움, 재난, 죽음으로부터

능히 의지처가 되리라.

모든 공덕을 갖추고
중생을 자비의 눈으로 바라보시고
복덕은 바다처럼 한량없으니
관세음보살님께 예배해야 하리라."

그때 지지(持地)보살이 자리에서
일어나서 부처님께 말씀드렸다.
"세존이시여, 만일 어떤 중생이 관
세음보살의 신통력과 그리고 어려
움을 겪고 있는 중생들에게 나타
나서 교화·제도하시는 모습을 보

고 듣는다면 마땅히 알아야 할지니, 이 사람이 지은 공덕은 매우 많을 것입니다."

부처님께서 이 〈관세음보살보문품〉을 설하시자, 그곳에 참여했던 팔만사천의 중생들이 모두 가장 높고 바른 깨달음을 얻고자 하는 마음을 일으켰다.

한문
사경

觀世音菩薩普門品

고난 소멸 기도 공덕

관세음보살보문품
觀世音菩薩普門品

爾時 無盡意菩薩 卽從座起 偏
이시 무진의보살 즉종좌기 편

袒右肩 合掌向佛 而作是言 世尊
단우견 합장향불 이작시언 세존

觀世音菩薩 以何因緣 名觀世音
관세음보살 이하인연 명관세음

佛告 無盡意菩薩 善男子 若有
불고 무진의보살 선남자 약유

無量百千萬億衆生 受諸苦惱 聞
무량백천만억중생 수제고뇌 문

是 觀世音菩薩 一心稱名 觀世
시 관세음보살 일심칭명 관세

音菩薩 卽時 觀其音聲 皆得解
음보살 즉시 관기음성 개득해

脫 若有持是 觀世音菩薩名者
탈 약유지시 관세음보살명자

設入大火 火不能燒 由是菩薩
설입대화 화불능소 유시보살

威神力故 若爲大水所漂 稱其名
위신력고 약위대수소표 칭기명

號 卽得淺處 若有百千萬億衆生
호 즉득천처 약유백천만억중생

49

爲求 金銀琉璃 硨渠瑪瑙 珊瑚
위구 금은유리 자거마노 산호

琥珀 眞珠等寶 入於大海 假使
호박 진주등보 입어대해 가사

黑風 吹其船舫 飄墮羅刹鬼國
흑풍 취기선방 표타나찰귀국

其中 若有乃至一人 稱觀世音菩
기중 약유내지일인 칭관세음보

薩名者 是諸人等 皆得解脫 羅
살명자 시제인등 개득해탈 나

刹之難 以是因緣 名觀世音
찰지난 이시인연 명관세음

若復有人 臨當被害 稱觀世音菩
약부유인 임당피해 칭관세음보

薩名者 彼所執刀杖 尋段段壞
살명자 피소집도장 심단단괴

而得解脫 若三千大千國土 滿中
이득해탈 약삼천대천국토 만중

夜叉羅刹 欲來惱人 聞其稱觀
야차나찰 욕래뇌인 문기칭관

世音菩薩名者 示諸惡鬼 尚不能
세음보살명자 시제악귀 상불능

以惡眼 視之 況復加害 設復有
이악안 시지 황부가해 설부유

人 若有罪 若無罪 杻械枷鎖 檢
인 약유죄 약무죄 추계가쇄 검

繋其身 稱觀世音菩薩名者 皆
계기신 칭관세음보살명자 개

悉斷壞 卽得解脫 若三千大千國
실단괴 즉득해탈 약삼천대천국

土 滿中怨賊 有一商主 將諸商
토 만중원적 유일상주 장제상

人 齎持重寶 經過險路 其中一
인 재지중보 경과험로 기중일

人 作是唱言 諸善男子 勿得恐
인 작시창언 제선남자 물득공

怖 汝等 應當一心 稱觀世音菩
포 여등 응당일심 칭관세음보

薩名號 是菩薩 能以無畏 施於
살명호 시보살 능이무외 시어

衆生 汝等 若稱名者 於此怨賊
중생 여등 약칭명자 어차원적

當得解脫 衆商人聞 俱發聲言
당득해탈 중상인문 구발성언

南無觀世音菩薩 稱其名故 卽
나무관세음보살 칭기명고 즉

得解脫 無盡意 觀世音菩薩摩
득해탈 무진의 관세음보살마

訶薩 威神之力 巍巍如是
하살 위신지력 외외여시

若有衆生 多於淫欲 常念恭敬
약유중생 다어음욕 상념공경

觀世音菩薩 便得離欲 若多瞋
관세음보살 변득이욕 약다진

恚 常念恭敬 觀世音菩薩 便得
에 상념공경 관세음보살 변득

離瞋 若多愚癡 常念恭敬 觀世
이진 약다우치 상념공경 관세

音菩薩 便得離癡 無盡意 觀世
음보살 변득이치 무진의 관세

音菩薩 有如是等 大威神力 多所
음보살 유여시등 대위신력 다소

饒益 是故 衆生常應心念 若有
요익 시고 중생상응심념 약유

如人 設欲求男 禮拜供養 觀世
여인 설욕구남 예배공양 관세

音菩薩 便生福德 智慧之男 設
음보살 변생복덕 지혜지남 설

欲求女 便生端正 有相之女 宿
욕구녀 변생단정 유상지녀 숙

植德本 衆人愛敬 無盡意 觀世
식덕본 중인애경 무진의 관세

音菩薩 有如是力 若有衆生 恭
음보살 유여시력 약유중생 공

敬禮拜 觀世音菩薩 福不唐損
경예배 관세음보살 복불당연

是故衆生 皆應受持 觀世音菩薩
시고중생 개응수지 관세음보살

名號 無盡意 若有人 受持六十
명호 무진의 약유인 수지육십

二億 恒河沙 菩薩名字 復盡形
이억 항하사 보살명자 부진형

供養飮食 依服臥具醫藥 於汝
공양음식 의복와구의약 어여

意云何 是善男子 善女人 功德
의운하 시선남자 선여인 공덕

多不 無盡意言 甚多 世尊 佛言
다부 무진의언 심다 세존 불언

若復有人 受持觀世音菩薩名號
약부유인 수지관세음보살명호

乃至一時 禮拜供養 是二人 福
내지일시 예배공양 시이인 복

正等無異 於百千萬億劫 不可窮
정등무이 어백천만억겁 불가궁

盡 無盡意 受持 觀世音菩薩名
진 무진의 수지 관세음보살명

號 得如是 無量無邊 福德之利
호 득여시 무량무변 복덕지리

無盡意菩薩 白佛言 世尊 觀世
무진의보살 백불언 세존 관세

音菩薩 云何遊此 娑婆世界 云
음보살 운하유차 사바세계 운

何而爲 衆生說法 方便之力 其
하이위 중생설법 방편지력 기

事云何
사운하

佛告 無盡意菩薩 善男子 若有
불고 무진의보살 선남자 약유

國土衆生 應以佛身 得度者 觀
국토중생 응이불신 득도자 관

世音菩薩 即現佛身 而爲說法
세음보살 즉현불신 이위설법

應以辟支佛身 得度者 卽現辟支
응이벽지불신 득도자 즉현벽지

佛身 而爲說法 應以聲聞身 得
불신 이위설법 응이성문신 득

度者 卽現聲聞身 而爲說法 應
도자 즉현성문신 이위설법 응

以梵王身 得度者 卽現梵王身
이범왕신 득도자 즉현범왕신

而爲說法 應以帝釋身 得度者
이위설법 응이제석신 득도자

卽現帝釋身 而爲說法 應以自在
즉현제석신 이위설법 응이자재

天身 得度者 卽現自在天身 而
천신 득도자 즉현자재천신 이

爲說法 應以大自在天身 得度者
위설법 응이대자재천신 득도자

卽現大自在天身 以爲說法 應
즉현대자재천신 이위설법 응

以天大將軍身 得度者 卽現天
이천대장군신 득도자 즉현천

大將軍身 以爲說法 應以毘沙
대장군신 이위설법 응이비사

門身 得度者 卽現毘沙門身 以
문신 득도자 즉현비사문신 이

爲說法 應以小王身 得度者 卽
위설법 응이소왕신 득도자 즉

現小王身 以爲說法 應以長者
현소왕신 이위설법 응이장자

59

身　得度者　卽現長者身　以爲說
신　득도자　즉현장자신　이위설

法　應以居士身　得度者　卽現居
법　응이거사신　득도자　즉현거

士身　以爲說法　應以宰官身　得
사신　이위설법　응이재관신　득

度者　卽現宰官身　以爲說法　應
도자　즉현재관신　이위설법　응

以婆羅門身　得度者　卽現婆羅
이바라문신　득도자　즉현바라

門身　以爲說法　應以比丘　比丘
문신　이위설법　응이비구　비구

尼　優婆塞　優婆夷身　得度者　卽
니　우바새　우바이신　득도자　즉

現比丘 比丘尼 優婆塞 優婆夷
현비구 비구니 우바새 우바이

身 以爲說法 應以長者 居士 宰
신 이위설법 응이장자 거사 재

官 婆羅門 婦女身 得度者 卽現
관 바라문 부녀신 득도자 즉현

婦女身 以爲說法 應以童男童女
부녀신 이위설법 응이동남동녀

身 得度者 卽現童男童女身 以
신 득도자 즉현동남동녀신 이

爲說法 應以天龍 夜叉 乾闥婆
위설법 응이천룡 야차 건달바

阿修羅 迦樓羅 緊那羅 摩睺羅
아수라 가루라 긴나라 마후라

61

伽　人非人等身　得度者　卽皆現
가　인비인등신　득도자　즉개현

之　以爲說法　應以執金剛神　得
지　이위설법　응이집금강신　득

度者　卽現執金剛神　以爲說法
도자　즉현집금강신　이위설법

無盡意　是　觀世音菩薩　成就如
무진의　시　관세음보살　성취여

是功德　以種種形　遊諸國土　度
시공덕　이종종형　유제국토　도

脫衆生　是故　汝等　應當一心　供
탈중생　시고　여등　응당일심　공

養　觀世音菩薩　是　觀世音菩薩
양　관세음보살　시　관세음보살

摩訶薩 於怖畏 急難之中 能施
마하살 어포외 급난지중 능시

無畏 是故 此娑婆世界 皆號之
무외 시고 차사바세계 개호지

爲施無畏者
위시무외자

無盡意菩薩 白佛言 世尊 我今
무진의보살 백불언 세존 아금

當供養 觀世音菩薩 卽解頸衆
당공양 관세음보살 즉해경중

寶珠瓔珞 價値 百千兩金 而以
보주영락 가치 백천양금 이이

與之 作是言 仁者 受此法施 珍
여지 작시언 인자 수차법시 진

寶瓔珞 時 觀世音菩薩 不肯受
보영락 시 관세음보살 불긍수

之 無盡意 復白 觀世音菩薩言
지 무진의 부백 관세음보살언

仁者 愍我等故 受此瓔珞
인자 민아등고 수차영락

爾時 佛告 觀世音菩薩 當愍此
이시 불고 관세음보살 당민차

無盡意菩薩 及四衆天龍 夜叉
무진의보살 급사중천룡 야차

乾達婆 阿修羅 迦樓羅 緊那羅
건달바 아수라 가루라 긴나라

摩睺羅伽 人非人等故 受是瓔
마후라가 인비인등고 수시영

64

珞 卽時 觀世音菩薩 愍諸四衆
락 즉시 관세음보살 민제사중

及於天龍 人非人等 受其瓔珞
급어천룡 인비인등 수기영락

分作二分 一分 奉 釋迦牟尼佛
분작이분 일분 봉 석가모니불

一分 奉 多寶佛塔 無盡意 觀世
일분 봉 다보불탑 무진의 관세

音菩薩 有如是自在神力 遊於娑
음보살 유여시자재신력 유어사

婆世界 爾時 無盡意菩薩 以偈
바세계 이시 무진의보살 이게

問曰
문왈

世尊妙相具　　我今重問彼
세존묘상구　　아금중문피

佛子何因緣　　名爲觀世音
불자하인연　　명위관세음

具足妙相尊　　偈答無盡意
구족묘상존　　게답무진의

汝聽觀音行　　善應諸方所
여청관음행　　선응제방소

弘誓深如海　　歷劫不思議
홍서심여해　　역겁부사의

侍多千億佛　　發大清淨願
시다천억불　　발대청정원

我爲汝略說　　聞名及見身
아위여약설　　문명급견신

心念不空過　能滅諸有苦
심념불공과　능멸제유고

假使興害意　推落大火坑
가사흥해의　추락대화갱

念彼觀音力　火坑變成池
염피관음력　화갱변성지

或漂流巨海　龍魚諸鬼難
혹표류거해　용어제귀난

念彼觀音力　波浪不能沒
염피관음력　파랑불능몰

或在須彌峰　爲人所推墮
혹재수미봉　위인소추타

念彼觀音力　如日虛空住
염피관음력　여일허공주

或彼惡人逐　　墮落金剛山
혹피악인축　　타락금강산

念彼觀音力　　不能損一毛
염피관음력　　불능손일모

或値怨賊繞　　各執刀加害
혹치원적요　　각집도가해

念彼觀音力　　咸卽起慈心
염피관음력　　함즉기자심

或遭王難苦　　臨刑欲壽終
혹조왕난고　　임형욕수종

念彼觀音力　　刀尋段段壞
염피관음력　　도심단단괴

或因禁枷鎖　　手足彼杻械
혹수금가쇄　　수족피추계

念彼觀音力　釋然得解脫
염피관음력　석연득해탈

呪咀諸毒藥　所欲害身者
주저제독약　소욕해신자

念彼觀音力　還着於本人
염피관음력　환착어본인

或遇惡羅刹　毒龍諸鬼等
혹우악나찰　독룡제귀등

念彼觀音力　時悉不敢害
염피관음력　시실불감해

若惡獸圍繞　利牙爪可怖
약악수위요　이아조가포

念彼觀音力　疾走無邊方
염피관음력　질주무변방

蚖蛇及蝮蝎　氣毒煙火燃
원사급복갈　기독연화연

念彼觀音力　尋聲自廻去
염피관음력　심성자회거

雲雷鼓掣電　降雹澍大雨
운뢰고철전　강박주대우

念彼觀音力　應時得消散
염피관음력　응시득소산

衆生被困厄　無量苦逼身
중생피곤액　무량고핍신

觀音妙智力　能救世間苦
관음묘지력　능구세간고

具足神通力　廣修智方便
구족신통력　광수지방편

十方諸國土　　無刹不現身
시방제국토　　무찰불현신

種種諸惡趣　　地獄鬼畜生
종종제악취　　지옥귀축생

生老病死苦　　以漸悉令滅
생로병사고　　이점실영멸

眞觀淸淨觀　　廣大智慧觀
진관청정관　　광대지혜관

悲觀及慈觀　　常願常瞻仰
비관급자관　　상원상첨앙

無垢淸淨光　　慧日破諸闇
무구청정광　　혜일파제암

能伏災風火　　普明照世間
능복재풍화　　보명조세간

悲體戒雷震　　慈意妙大雲
비체계뢰진　　자의묘대운

澍甘露法雨　　滅除煩惱燄
주감로법우　　멸제번뇌염

諍訟經官處　　怖畏軍陣中
쟁송경관처　　포외군진중

念彼觀音力　　衆怨悉退散
염피관음력　　중원실퇴산

妙音觀世音　　梵音海潮音
묘음관세음　　범음해조음

勝彼世間音　　是故須常念
승피세간음　　시고수상념

念念勿生疑　　觀世音淨聖
염념물생의　　관세음정성

於苦惱死厄　能爲作依怙
어고뇌사액　능위작의고

具一切功德　慈眼視衆生
구일체공덕　자안시중생

福聚海無量　是故應頂禮
복취해무량　시고응정례

爾時　持持菩薩　卽從座起　前白
이시　지지보살　즉종좌기　전백

佛言　世尊　若有衆生　聞是　觀世
불언　세존　약유중생　문시　관세

音菩薩品　自在之業　普門示現
음보살품　자재지업　보문시현

神通力者　當知是人　功德不少
신통력자　당지시인　공덕불소

佛說是普門品時　衆中八萬四千
불설시보문품시　중중팔만사천
衆生　皆發無等等　阿耨多羅三藐
중생　개발무등등　아뇩다라삼먁
三菩提心
삼보리심

사경발원문(寫經發願文)

　위대하고 자비하신 부처님!

　오늘 제가 지극한 마음으로 사경을 하오니 이 사경 공덕(功德)으로 돌아가신 조상님, 부모님, 일가친지, 이웃 모두 왕생극락하시고, 저와 가족, 인연 있는 모든 분들이 마음의 평안을 얻고, 슬픔과 고통에서 벗어나 기쁨과 행복을 누리기를 기원합니다.

　자비하신 부처님!

　감로의 법수(法水)와 진리의 등불을 밝혀주신 부처님,

　병이 든 이는 쾌유를, 사업하는 이는 사업 성취를, 학생들에겐 마음의 안정과 지혜를, 취업을 원하는 이에게는 좋은 직장을 얻게 해 주시고, 모든 이들의 소원이 이루어질 수 있도록 가피 내려주시옵소서.

　오늘 제가 지극 정성으로 베껴 쓴 사경 공덕으로 복과 지혜가 자라나서 이 경전을 만나는 모든 이들이 몸과 마음 밝아지고, 부처님 법(佛法)을 깊이 깨달아 마침내 성불하기를 진심으로 발원합니다. 또한 부처님의 가르침을 이웃에 전하여 이 땅이 불국토가 될 수 있도록 가피 내려주시옵소서. 자비롭고 위대하신 부처님, 저의 지극한 기원을 받아 주시옵소서.

　나무 석가모니불

　나무 석가모니불

　나무 시아본사 석가모니불.

민족사 사경 시리즈 **4**

관세음보살보문품

초판 1쇄 인쇄 | 2023년 8월 10일
초판 1쇄 발행 | 2023년 8월 15일

펴낸이 | 윤재승
펴낸곳 | 민족사

주간 | 사기순
기획홍보 | 윤효진 영업관리 | 김세정

출판등록 | 1980년 5월 9일 제1-149호
주소 | 서울 종로구 삼봉로 81 두산위브파빌리온 1131호
전화 | 02)732-2403, 2404 팩스 | 02)739-7565
홈페이지 | www.minjoksa.org
페이스북 | www.facebook.com/minjoksa
이메일 | minjoksabook@naver.com

ⓒ 민족사 2023

ISBN 979-11-6869-036-3 03220

민족사에서 펴낸 사경 시리즈

《금강경》은 지혜를 성취시켜 주는 경전,
두뇌를 명석하게 해 주는 경전이고,
《아미타경》은 돌아가신 부모님이나 조상님 등 가족의
왕생극락을 발원하는 경전이고,
《관음경(관세음보살 보문품)》은 사업 번창, 소원 성취 등
복덕을 증장시키는 경전이고,
《부모은중경》은 부모님의 은혜를 생각하고 갚는 경전입니다.
저마다 현재 가장 간절한 소원에 따라
경전을 선택해서 사경을 하면 더욱 좋습니다.